AZÉMIRE,

TRAGÉDIE.

AZÉMIRE,

TRAGÉDIE.

Par M. de Chenier.

Repréſentée à Fontainebleau le 4 Novembre 1786,
& ſur le theatre de la Comedie Françaiſe, le 6
du même mois.

À PARIS,

Chez Moutard, Imprimeur-Libraire de la Reine,
rue des Mathurins, Hôtel de Cluni.

M. DCC. LXXXVII.

LETTRE

A M. LE CHEVALIER

DE PANGE.

JE vous envoie, mon cher Ami, la Tragédie d'Azémire. Vous y trouverez des passions & non pas des coups de théatre. Vous y trouverez, sinon les mœurs sévères de la Scène Grecque, du moins son extrême simplicité. Vous me direz peut-être que je n'ai pas trop bien pris mon temps, & j'en conviendrai.

Cette simplicité est si remarquable dans Sophocle & dans Euripide, que nos meilleurs Poëtes, en préfentant fur la Scène Françaife des Tragédies Grecques, ont prefque toujours gâté leur fujet par une double intrigue, afin de remplir la mefure des cinq Actes, mefure indifpenfable au jugement d'Horace, mais qu'Ariflote ne preferit point, & que la raifon ne preferit pas davantage. Vous favez d'ailleurs, mon cher Ami, que les Grecs n'ont jamais connu cette règle. Il ne faut que lire avec attention leurs Ouvrages, pour fe convaincre qu'on les repréfentait fans aucune interruption. Si l'on devait regarder comme des en-

'tr'actes les endroits où le Chœur reste seul en Scène, l'Œdipe à Colone serait en deux Actes. Le Chœur ne reste seul que vers la fin de la Pièce, depuis le départ d'Œdipe jusqu'au moment où l'on vient annoncer sa mort. Il se trouverait alors que le second Acte aurait un peu plus de cent vers, & le premier près de dix-sept cents.

Aristote, ce grand admirateur de la Tragédie, qu'il élève au dessus même de l'Epopée, ce critique Philosophe, qui a réfléchi si profondément sur la nature des Arts, Aristote recommande expressément la simplicité de l'action tragique. Il avertit les Poëtes que la Fable d'une Tragédie ne doit pas être celle d'une Epopée ; il blâme Agathon d'avoir resserré tout le plan de l'Iliade dans une seule Tragédie ; & véritablement cette Tragédie d'Agathon, qui ne réussit point chez les Grecs, ne pouvait être, par sa constitution, qu'un Ouvrage déraisonnable.

Le même Critique demande que la terreur & la pitié soient excitées par le fonds même du Drame, & non par le spectacle. Il veut qu'on puisse ou pleurer ou frémir en fermant les yeux, & seulement en écoutant la Tragédie : ce qui ne peut avoir lieu que par la vérité des situations & par l'éloquence du style. Quand l'effet ne vient que du Spectacle, ajoute-t-il, tout le mérite ap-

partient au Décorateur, & non pas au Poëte.
M. de Voltaire a fouvent développé ce principe;
mais depuis la mort de M. de Voltaire, vous favez
combien on a perfectionné la Tragédie.

C'eft à quoi je n'avais pas fongé, mon cher
Ami, en compofant Azémire. Elle fut d'abord re-
préfentée à Fontainebleau; j'avais alors vingt-un
ans; & comme il faut encourager les jeunes gens,
la Pièce fut fifflée d'un bout à l'autre. Jamais, m'a-
t-on dit, pareille aventure n'était arrivée à Fontainebleau. Le rôle de d'Amboife fut plus fillé que
tout le refte. Les huées fur-tout furent très-longues,
quand on en vint à ces vers :

> Que diront les Français, que dira ton vieux père,
> Alors qu'il apprendra, &c.

Quelques perfonnes, & même quelques prétendus
Gens de Lettres, avaient entendu :

> Que dira Dieu le père?

On convint généralement que cette idée était
bien ridicule, & j'avoue que je fuis du même
avis. Dans tout cela pourtant deux chofes m'éton-
naient. L'Acteur qui a rendu admirablement le
rôle de d'Amboife, joint au mérite fi rare d'être
toujours énergique & noble, le mérite de pro-
noncer fort nettement; & ceux qui croyaient avoir
entendu, *que dira Dieu le père?* n'étaient pas foup-
çonnés de manquer d'oreilles.

La Pièce, représentée à Paris, réussit infiniment mieux qu'à Fontainebleau, quoi qu'en ait dit le Journaliste de Paris. L'absence d'une Actrice a long-temps interrompu les représentations d'Azémire. La seconde, & les deux suivantes, données dans le mois de Juillet dernier, ont été beaucoup plus favorablement reçues que la première, quoi qu'en ait dit encore le Journaliste dont je vous ai déjà parlé.

D'autres ont été plus indulgens. Parmi les Ecrivains périodiques qui ont parlé de cet Ouvrage, il faut distinguer l'Auteur de l'Année Littéraire. C'est le seul qui ait véritablement rendu compte de la Pièce ; & malgré les éloges dont il m'a comblé, c'est dans ce compte même qu'on trouvera les critiques les plus sévères. La plupart m'ont paru fort judicieuses. Il en est pourtant quelquesunes sur lesquelles je ne sçaurais adopter son avis. Un des reproches qu'il fait à la Pièce, c'est que le dénouement en est prévu ; mais il y a des Tragédies dont le titre même annonce le dénouement ; témoin la mort de César. Il y a plus : le dénouement est nécessairement prévu dans toutes les Tragédies fondées sur l'Histoire. On sait que les enfans de Brutus périront, que Britannicus sera empoisonné. On en peut dire autant des sujets fondés sur des Fables très-connues. Dans les Pièces où le caractère d'un personnage produit le dénouement, fi ce caractère eft bien tracé, le dénouement eft prévu. Titus dans Bérénice, & Turenne dans Azémire, commettraient une lâcheté, s'ils agiffaient autrement qu'ils n'agiffent. Il me femble même que ce n'eft point le dénouement qui doit exciter la curiofité dans la Tragédie, mais plutôt les moyens qui amèneront le dénouement. Dans Athalie on prévoit, dès le premier Acte, que Joas fera couronné, & qu'Athalie fera tuée. On eft certain de ce dénouement, parce que tout autre ferait infupportable. Il exifte néanmoins dans Athalie un grand intérêt de curiofité, par la raifon qu'une foule de circonftances s'oppofent à l'événement qu'on défire, & que ce dénouement néceffaire paraît en même temps prefque impoffible.

Un autre reproche qu'on fait à la Tragédie d'Azémire, c'eft l'inaction de Soliman. Ce reproche ne me paraît que trop jufte. Je crois que c'eft en effet le principal défaut de la Pièce, & que ce défaut en rend quelquefois la marche languiffante. Vous devez vous rappeler, mon Ami, que l'inutilité de ce rôle vous avait frappé, & qu'elle fut remarquée prefque généralement aux différentes lectures que vous avez entendues. Pour me défendre alors, je ne citais pas l'infupportable rôle d'Œnarus dans Ariane, où tous les rôles font ridicules, à l'exception du principal ; mais je citais Antiochus dans Bérénice, Affur dans Sémiramis,

Philoctète dans Œdipe. Sans doute il aurait mieux valu fe corriger. Mais d'après la conftitution de la Pièce, je croyais impoffible de changer le rôle de Soliman. J'avoue que je n'en fuis plus fi perfuadé. Ce changement toutefois, qui rendrait la marche de la Pièce plus vive & plus fortement tragique, exigerait un travail affez confidérable, & je n'aurai le droit d'entreprendre ce travail qu'après avoir, fi je puis, par d'autres Ouvrages, mérité l'attention du Public. Je me bornerai, en ce moment, à lui préfenter Azémire avec tous fes défauts, afin qu'il puiffe en juger par lui-même, & non fur des rapports contradictoires.

Quant aux reffemblances, on ne trouvait pas mauvais, en 1734, que M. de Pompignan fit repréfenter une Didon fur le même théatre où l'on repréfentait Bérénice & Ariane. On ne lui reprochait point d'avoir tiré de Virgile & de Métaftafe prefque tout ce qu'il y a de remarquable dans fa Pièce, & quelques gens m'ont reproché d'avoir beaucoup emprunté du Taffe. D'abord je n'ai point imité le Taffe dans les caractères. Azémire n'eft ni une Coquette, ni une Magicienne ; & ceux qui ont fait femblant de reconnaitre Ubalde dans le perfonnage de d'Amboife, n'ont pas fongé que fi ce perfonnage a quelque mérite, c'eft peut-être celui d'être quelquefois éloquent, & qu'un bouclier magique ne fçaurait donner l'idée d'un

difcours noble & théatral. Je ne dois non plus aucun détail à l'Auteur de la Jérufalem délivrée. Je
puis m'être trompé ; mais fi quelque difcours d'Ar-
mide ou de Renaud m'avait paru fufceptible d'être
tranfporté avec fuccès au théatre, j'aurais faifi
cette occafion de puifer de vraies beautés dans le
plus grand Poëte de l'Italie moderne, comme lui-
même en a fouvent puifé dans Virgile, Virgile
& les Tragiques Grecs dans Homère.

PERSONNAGES.

AZÉMIRE,	Mlle Saint-Val.
SOLIMAN,	M. Saint-Prix.
TURENNE,	M. Saint-Fal.
D'AMBOISE,	M. de Larive.
NARSÈS,	M. Naudet.
ISMÈNE,	Mme Suin.
Gardes de la Reine.	
Soldats de Soliman.	

La Scène est dans Héraclée, ville de Cilicie, au temps de la première Croisade.

AZÉMIRE,

AZÉMIRE,
TRAGÉDIE.

ACTE PREMIER.

SCENE PREMIÈRE.

SOLIMAN, NARSÈS.

NARSÈS.

JE ne me trompe point; quoi! Seigneur, c'est vous-même?
Ah! daignez pardonner à ma surprise extrême.
Quel destin vous conduit? Parlez; comment ce jour
M'offre-t-il, en nos murs, Soliman de retour?
Le glaive des Chrétiens est levé sur nos têtes;
Dans ce trouble effrayant des sanglantes tempêtes,
Quoi! pour nous secourir, vous les avez forcés
Ces remparts, ces chemins d'armes tout hérissés?

A

Notre attente eft comblée ; & fur votre vaillance
Ces murs peuvent encor fonder quelque affurance.

SOLIMAN.

Dès ce moment, Narsès, vos dangers font les miens.
Cette nuit dans leur camp j'ai furpris les Chrétiens ;
Et de mes Syriens l'impétueux courage
M'a livré jufqu'à vous un facile paffage.
Vain & frivole éclat qui vient de me couvrir !
Mes Etats font perdus , & j'y devois courir ;
Et là , de foins plus grands ma valeur occupée
Détruifait de Bouillon la puiffance ufurpée.
Mais j'aime , tu le fais. Trop indign. Guerrier,
De mon funefte amour je dépends tout entier;
Et chaque jour me voit, d'une main impuiffante,
Cherchant à fecouer ma chaine aviliffante,
La retenir fans ceffe & fans ceffe en rougir ,
Et toujours foupirer quand il faudrait agir.
Enfin j'ai fuccombé. Le péril de ta Reine
Dans les murs d'Héraclée aujourd'hui me ramène.
Je l'adorai long-temps fans efpoir de retour ,
Long-temps fon jeune cœur, infenfible à l'amour,
N'offrit à mes foupirs qu'une pitié cruelle ;
Mais j'ai vaincu Bouillon , je l'ai vaincu pour elle :
Je viens de mes exploits lui demander le prix.

NARSÈS.

Ah ! plutôt armez-vous d'un généreux mépris ;
La gloire doit payer cette haute vaillance,
Dont l'amour ne fçaurait être la récompenfe.

SOLIMAN.

Comment?

NARSÈS.

    N'écoutez pas, Seigneur, un vain espoir,
Et de ses yeux ingrats dédaignez le pouvoir.
La Reine à vos destins ne sera point liée ;
A d'indignes amours la Reine humiliée . . . .

SOLIMAN.

Ciel ! achève . . . . Azémire . . . . Elle a donné son cœur ?

NARSÈS.

De cette ame si fière un Chrétien est vainqueur.

SOLIMAN.

Un de ses oppresseurs ! un Chrétien ! Azémire !
Et peut-on concevoir ce coupable délire ?
Azémire, dis-tu ; . . . . non, je ne le crois pas :
Azémire n'a point des sentimens si bas.

NARSÈS.

En vain vous vous flattez ; ce n'est plus un mystère.
La Reine, de sa honte esclave volontaire,
Semble vouloir, Seigneur, étaler à nos yeux
D'un sacrilège amour les transports odieux.
Turenne, c'est le nom de ce Français qu'elle aime ;
Turenne en ce palais semble régner lui même,
Seigneur ; & ses discours, tout en elle aujourd'hui,
Ses regards, ses soupirs ne parlent que de lui.
A peine en son printemps, des rives de la Seine
Il suivit des Croisés la fortune incertaine.

Quelque gloire peut-être a signalé son bras :
Ardent, impétueux, dans l'un de ces combats,
Quand de nos murs oisifs dédaignant les barrières,
Sous mes ordres marchaient nos légions guerrières,
Le jour baissait ; les miens s'éloignaient a grands cris :
Seul & le fer en main poursuivant nos débris,
Au milieu d'une troupe a sa rage immolée,
Turenne sur mes pas entra dans Héraclée.
Mais entouré bientôt par ce peuple indigné,
Percé de coups lui-même & dans son sang baigné,
Il se rend. Ses périls, ses exploits & son âge,
Et ses yeux presque éteints, mais brillans de courage,
Et, le dirai je encor ? nos destins en courroux,
Pour lui dans ce moment s'unissaient contre vous :
Azémire le vit. Vous savez tout le reste.

S O L I M A N.

Un Chrétien ! se peut-il ? O récit trop funeste !
Eh quoi ! de mes Sujets deux fois vaincus par eux,
J'assemble en frémissant les débris généreux,
Ses jours sont menacés, je cours à sa défense,
Je cours ; & de mes pas telle est la récompense ?
Et toi de ses mépris spectateur assidu. . . . .

N A R S È S.

Pour vous servir, Seigneur, j'ai fait ce que j'ai dû.
Mon crédit, je le sais, mon rang est votre ouvrage ;
Et si dans cette Cour je pouvais davantage,
Votre amour accueilli d'un plus heureux succès,
N'aurait point à former de stériles regrets.

Mais d'un penchant coupable accufateur févère;
Après de vains difcours il a fallu me taire;
Et l'oreille des Rois ne fçaurait écouter,
Seigneur, que les confeils qui les veulent flatter.

SOLIMAN.

Pardonnons-lui, Narsès, un moment de faibleffe;
Elle peut à mes yeux rougir de fa tendreffe;
Oui, je l'efpère encor, ce jour va l'éclairer.

NARSÈS.

Ainfi que vous, Seigneur, je voudrais l'efpérer.
Mais fongez-vous qu'elle aime?

SOLIMAN.

Et je brûle pour elle!

NARSÈS.

Vous l'entendrez.

SOLIMAN.

Ami, je compte fur ton zèle.
Va la trouver; dis-lui que Soliman vainqueur
Apporte à fes genoux tous les vœux de fon cœur;
Qu'il vient de la fauver, que c'eft lui qui t'envoie;
Et qu'au plus tôt, Narsès, il faut que je la voie.

SCÈNE II.

SOLIMAN.

JE vais flatter encor ses orgueilleux attraits.
Sans doute il valait mieux ne la revoir jamais.
Vaincu par ces Chrétiens, mais vainqueur de moi-même,
Il valait mieux cacher un front sans diadème.
Quels sont donc ces mortels qu'a vomis l'Occident?
Jusqu'où va de leur Dieu l'effroyable ascendant?
Tout frémit devant eux, & sa main triomphante
A nos drapeaux sanglans enchaîne l'épouvante;
C'est peu; de la Beauté, Reine de nos destins,
Le cœur vain & fragile est encor en ses mains.
Mes feux n'ont point touché cette fière Azémire!
Un Français, un Chrétien a donc pu la séduire!
Ah! cette indignité doit ternir à mes yeux ·
De ses plus doux regards l'éclat pernicieux.
Devant l'Asie entière elle est trop avilie,
Il est temps que mon cœur la dédaigne & l'oublie.
Mais je la vois, c'est elle; & comment l'oublier?

SCÈNE III.

SOLIMAN, AZÉMIRE, ISMÈNE, *Gardes.*

SOLIMAN.

MADAME, enfin le Ciel vous ramène un Guerrier
Formidable aux Chrétiens, un Soudan qui vous aime,
Et qui de vous venger fait sa gloire suprème.
J'avouerai cependant que je suis confondu
De tout ce qu'en ces lieux j'ai d'abord entendu.
Madame, on vous insulte; on prétend qu'une Reine,
Et si digne du trône, & si jeune, & si vaine,
De ses longues fiertés interrompant le cours,
Nourrit tranquillement de perfides amours;
Que vous avez trahi votre Loi, votre gloire.
A ces feux criminels je n'ai point osé croire.
Pour lire dans nos cœurs, les peuples curieux
Interrogent sans cesse & nos pas & nos yeux,
De nos muets regards expliquent le silence,
Souvent d'un mot douteux altèrent l'innocence,
Dupes de tous ces bruits dont ils sont les auteurs,
Et du sceptre toujours insolens détracteurs.
Qui daigne se fier à de tels interprètes,
Ne connoit point des Rois les passions secrètes.
Je sais trop qu'aisément le vulgaire est séduit,
Et j'ai dû présumer que j'étais mal instruit.

A iv

AZÉMIRE.

A vos exploits, Seigneur, j'ai des graces à rendre;
Vous avez bien plus fait que je n'osais prétendre,
Et je crains que bientôt vous n'alliez regretter
Des secours & des vœux qu'il faudrait mériter.
De beaux lauriers, Seigneur, attendent votre vie.
Vengez-vous, délivrez vos Etats & l'Asie,
Renversez des Chrétiens l'étendard odieux :
Je prédis, sur la foi d'un bras si glorieux,
Qu'ils n'auront point cueilli des palmes éternelles.
Mais quant à ces amours perfides, criminelles,
Que votre bouche ici n'ose me reprocher,
Je n'ai point dès long temps prétendu les cacher.
Vous en pouvez, Seigneur, croire la renommée;
Je n'en rougirai point, j'aime & je suis aimée.
Il n'a que trop sans doute illustré sa valeur,
Turenne désormais possède tout mon cœur,
Et sur son front guerrier où la jeunesse est peinte,
On voit de ses vertus briller l'auguste empreinte.
Il est fier, généreux; & parmi ces Chrétiens
Il n'est point de hauts faits qui surpassent les siens;
Il m'aime; il est, Seigneur, digne de ma tendresse.
On vous a bien instruit.

SOLIMAN.

　　　　　O trop coupable ivresse !
Vous l'aimez? lui, Madame? & pour prix de mes feux
C'est vous qui me gardiez de si cruels aveux?
Vous l'aimez? vous osez me vanter son courage?
Et j'ai pu mériter un si sanglant outrage?

Ingrate, à vos dangers moi qui vole m'offrir ;
Moi, dont la feu'e faute eft de vous trop chérir,
Moi, grand Dieu ! Soliman ! qui, tout plein d'Azémire,
Alors qu'il me fallait regagner un Empire,
Infenfé ! pour vous feule affemblant des fecours,
N'ai vu que le trépas qui fondait fur vos jours.
Je viens, je fuis vainqueur, & quand de ma vaillance
Dans vos regards plus doux cherchant la récompenfe,
Je vous demande un cœur fi peu digne du mien,
Ce cœur eft à mes yeux épris d'un vil Chrétien,
De l'un de ces brigands dont vous étiez la proie
Sans le funefte amour qui dans ces lieux m'envoie!
Ah ! fans peine du moins vous pouviez me choifir
Des rivaux dont ma gloire aurait moins à rougir.
De mon nom, de mon rang j'ai l'orgueil inflexible,
Et vous m'avez percé du coup le plus fenfible.
C'en eft fait, réparons tant de momens perdus ;
Donnez-lui votre cœur où je ne prétends plus :
De Soliman bientôt vous ferez oubliée ;
Et l'injufte dédain dont ma flamme eft payée
M'interdit déformais la trace de vos pas,
Et me rend tout entier à la gloire, aux combats.

AZÉMIRE.

Cette noble fureur a droit de me confondre ;
Mais je fais l'excufer & veux bien vous répondre.
Quatre ans font écoulés du moment qu'au cercueil
Mon père defcendu mit tout ce peuple en deuil ;
Et moi, feule, orpheline, & fans expérience,
Seigneur, quand je touchais aux bornes de l'enfance,

Il me fallut régner; & de mes faibles mains
La Cilicie entière attendit ses destins.
D'une commune voix à l'hymen appelée,
De momens en momens jusqu'au sein d'Héraclée,
Et l'Afrique & l'Asie envoyaient à mes pieds
Des Princes, des Héros les vœux humiliés.
Si de mon choix long-temps j'eusse été la maîtresse,
J'aurais pu, j'aurais dû, Seigneur, je le confesse,
Puisque tout mé pressait de nommer un époux,
Entre tant de Héros jeter les yeux sur vous :
Mais vous êtes instruit de l'amour qui m'enflamme;
Et le plus doux espoir qui flatte encor mon ame,
Est de voir aujourd'hui Soliman m'oublier,
Et de rendre à la gloire un si vaillant Guerrier.

SOLIMAN.

Vous m'insultez, cruelle, & vous ne pouvez croire
Que j'écoute en effet les conseils de la gloire.
Vous vous trompez. Un jour vous me connaîtrez mieux;
Si je vous aime encor, un jour, loin de vos yeux,
Eteignant à loisir cette ardeur qui vous flatte,
Je saurai, croyez-moi, détester une ingrate,
Etouffer de son nom l'odieux souvenir,
Dédaigner ses mépris, peut-être les punir.

AZÉMIRE.

J'y consens; mais d'où vient cette haine cruelle?
Ce jour à des sermens me voit-il infidelle?
Seigneur, tant qu'à mes loix votre cœur fut soumis,
Ma bouche ni mon cœur ne vous ont rien promis.

Victime dévouée à Soliman qui m'aime,
Je n'ai pu toutefois difpofer de moi-même?
J'avais cru de l'amour le langage plus doux,
Et d'un jeune Héros, tout auffi grand que vous,
Azémire, Seigneur, plus tendrement aimée,
N'eft point à la menace encore accoutumée.

S O L I M A N.

Ainfi vous le verrez par des nœuds fi chéris
Oublier aifément fon culte & fon pays,
Fouler aux pieds le Dieu qu'ont adoré fes pères,
Le Dieu qu'aux champs d'honneur appelaient fes prières,
Dont fes Chrétiens & lui, pleins d'un zèle fi beau,
Sont venus conquérir le ftérile tombeau ;
Et de nos ennemis, réprimant l'infolence,
Son bras va déformais porter votre vengeance.
Vous retrouvez, Madame, en un fi grand appui,
Soliman, vos Sujets que vous bravez pour lui.
S'il faut que d'un Chrétien ils fubiffent la chaîne,
De ce Peuple irrité n'attendez que la haine.
Croyez-vous qu'à ce point il fe laiffe outrager ?
Sans frémir, toutefois, vous y pouvez fonger,
Et laiffez de vos feux parler la violence,
Quand l'Afie en courroux les condamne au filence !

A Z É M I R E.

Turenne eft tout pour moi, je n'ai point de terreur ;
Turenne eft mon Amant, il fera mon vengeur.
Sa main repouffera la main qui nous opprime ;
Soliman, les Chrétiens pourront y voir un crime.

Mais bientôt mes sujets sauront chérir la loi
D'un Français , d'un Héros digne d'eux & de moi ;
Et loin qu'à leur caprice, une Reine asservie ,
Aux jours qui lui sont chers ne puisse unir sa vie ,
Je me flatte , ou je vois approcher les instans
De former ces beaux nœuds, reculés trop long-temps.
Ce discours vous surprend : vous que mon cœur fait plaindre,
Que j'admire , Seigneur , mais que je ne puis craindre ,
Vos yeux ne verront point un hymen odieux ,
Fuyez loin d'une ingrate, abandonnez ces lieux ,
Abjurez , étouffez une inutile flamme ;
Vous le voulez. Partez.

SOLIMAN.

Je resterai , Madame.
Vous avez tout prévu , soyez unis tous deux :
Qu'il règne, ce Français, & qu'au gré de vos vœux,
L'encens brûle   ir lui dans la sainte Mosquée :
Et puisse des Chrétiens la haine provoquée,
Respectant comme moi de si nobles amours,
De vos félicités ne point troubler le cours !
Pour vos Sujets, du moins vous en êtes chérie ;
Et quand il s'agira de calmer leur furie ,
On peut bien à vos yeux en réserver le soin ;
Mais d'un si grand hymen je veux être témoin.

SCÈNE IV.

AZÉMIRE, ISMÈNE, *Gardes.*

AZÉMIRE.

Qu'il reste, mais sur-tout, qu'évitant mon approche,
Il songe à m'épargner un importun reproche.
Sans doute il m'est affreux de causer son malheur,
J'ai pitié de ses feux, j'admire sa valeur ;
Mais ne souffrirai point l'altière jalousie
D'un Tyran qui m'oppose & mon Peuple & l'Asie,
Et d'un regard sinistre accablant nos destins,
Voudra sur tous nos jours répandre ses chagrins.

ISMÈNE.

Une Reine à son gré dispose de son ame ;
Mais ce Tyran jaloux, c'est un Héros, Madame.
Son pouvoir a long-temps égalé ses exploits ;
Des rives du Sangar il étendit ses loix
Jusqu'aux champs fortunés où l'Asie expirante
Voit naître & s'élever cette Europe insolente.
Le fort doit avouer ses desseins généreux :
Vous le verrez bientôt de ses jours plus heureux
Rallumer à jamais la splendeur éclipsée,
Et renverser la Croix sous qui tremble Nicée.
Tel est le noble espoir dont s'est flatté son bras ;
C'est votre espoir, Madame, & si vous n'avez pas
A de si beaux destins donné quelque tendresse,
S'il est à redouter, du moins avec adresse

Vos discours moins cruels auraient dû ménager
Un Soudan qui vous aime & qui peut se venger.

AZÉMIRE.

Va, je ne crains plus rien. Qu'il m'aime ou me déteste,
Qu'importe Soliman, que me fait tout le reste,
Si je puis à toute heure, Ismène, à tout moment,
Voir, aimer, contempler les traits de mon amant?
Aux vœux de mon amant si toute consacrée,
Heureuse, je l'adore & j'en suis adorée?
L'orgueil de Soliman n'a fait que m'irriter.
Ismène, dans mes fers devais-je l'arrêter?
A ce cœur enflammé l'adresse est inconnue,
Et Turenne,.... je cours m'enivrer de sa vue.
J'ai besoin de le voir, d'oublier près de lui
Un Soudan qui se croit mon vengeur, mon appui,
D'oublier mes Sujets, ces lieux qui m'ont vu naître,
Ces Chrétiens, qui voudraient me l'enlever peut-être,
Tout ce qui n'est pas lui, tout, excepté mes feux,
Et les liens charmans qui combleront nos vœux.

ACTE II.

SCÈNE PREMIÈRE.

AZÉMIRE, TURENNE.

TURENNE.

Quoi ! Madame, est-il vrai qu'au sein de votre Cour
Le Soudan de Nicée a devancé le jour ?
Que les Chrétiens défaits ont rétabli sa gloire,
Et qu'il vient réclamer le prix d'une victoire ?
Il vous aimait, Madame.

AZÉMIRE.

Ah ! ce n'est point à vous
D'oser en concevoir des sentimens jaloux.
Il menace, il comptait sur ma reconnaissance ;
S'il a vu mes dangers, s'il a pris ma défense,
Cette nuit dans nos murs s'il est rentré vainqueur,
S'il aime, il faut que j'aime, & je lui dois mon cœur.
Ah ! quand ce cœur volait au devant de ton ame,
Tu n'as pas eu besoin de commander ma flamme.
Que dis-je ? Tu m'aurais préféré de te haïr,
Mon cœur en te voyant n'aurait pu t'obéir.
Il obéit au Ciel qui fait sa destinée,
Et brave du Soudan l'arrogance étonnée ;

Il me parlait en maître, assuré qu'aujourd'hui
Je devais en lui seul contempler mon appui.
Mais il fait, un moment je n'ai pu me contraindre,
Il fait que désormais je n'ai plus rien à craindre,
Qu'un autre a su me plaire, & qu'un autre aux combats....

T U R E N N E.

Moi! contre des Chrétiens! ne vous en flattez pas.
Moi! que de tous les miens exécrable homicide,
J'aille sur vos remparts chercher le parricide.
Hélas! Bouillon m'aimait, & l'aurais-je oublié?
Ils me sont tous unis de sang ou d'amitié;
Mon père, entre leurs mains remettant ma jeunesse:
» Tenez, Chrétiens, voici l'espoir de ma vieillesse,
» Daignez former son cœur, veillez toujours sur lui «.
Il pleurait. Dieu puissant! s'il savait qu'aujourd'hui
Mon cœur d'une Infidelle a reconnu l'empire,
S'il savait..... Je t'afflige, ô ma tendre Azémire!
En vain dans ses regards j'ai toujours vu ma loi,
Je sens qu'il ne pourrait me détacher de toi.
Mais, au nom de tes feux, prends pitié de Turenne,
Songe qu'à des Chrétiens je ne dois point ma haine,
Et ne commande plus à mes sens attendris
D'aller assassiner tous ceux que j'ai chéris.

A Z É M I R E.

Eh bien, à tes sermens, va, mon cœur s'abandonne.
Puis-je encor espérer que le tien me pardonne?
Je veux ce que tu veux, l'Amour m'en est témoin,
Turenne; & c'est lui seul qui m'emporte trop loin.

Tu

Tu m'aimes; que veux-tu? j'ai cru pouvoir prétendre
Que ta main fans frémir s'armât pour me défendre.
Turenne, fi fes jours craignaient quelque danger,
Verrait que c'eft ainfi que j'ai dû le juger.
Mais de tes fentimens j'approuve la noblefle;
Le fouvenir des tiens n'eft point une faiblefle,
Et je ne me plains pas fi ce cœur combattu
Eft autant qu'à l'amour fenfible a la vertu.
Le crois-tu, cependant, que le Ciel nous opprime?
Qu'il brife nos liens? que nos feux foient un crime?

TURENNE.

Non, pour être brifés ces liens font trop forts:
Non, je ne le crois pas, mais je fens des remords.

AZÉMIRE.

Des remords! & qui peut les caufer?

TURENNE.

Tout, Madame.
Daignez être mon Juge, & lifez dans mon ame.
Né d'ancêtres qui tous ont, par d'heureux exploits,
Soutenu la Patrie & protégé les Rois,
D'être un jour leur égal j'ai conçu l'efpérance;
Aimé de mes rivaux, admiré de la France,
Content & glorieux & de palmes chargé:
Voilà pourtant le fort qui m'était préfagé.
Et maintenant, grand Dieu! quel excès de faiblefle!
Aimer & foupirer, & dévorer fans ceffe
La honte & la douleur qui s'attache à mes pas!
Pourquoi me parliez-vous de vos affreux combats?

B

Il n'eſt plus de lauriers, de combats, de victoire ;
Je ne puis qu'être heureux, j'avais beſoin de gloire.
Heureux ! non, je pourſuis un bonheur incertain.

AZÉMIRE.

Dieu ! qu'entends-je ?

TURENNE.

Et comment deviner ſon deſtin ?
Voilà ce qui remplit mon ame intimidée.
Madame, il eſt trop vrai, cette importune idée
Tourmente nuit & jour mes eſprits effrayés,
M'afflige auprès de vous, me pourſuit à vos piés.
Je conſulte mon cœur, vous dictez ſa réponſe :
Le paſſé toutefois, le préſent ne m'annonce
Qu'un deſtin ſans honneur, que des jours de courroux.
Puiſſe au moins l'avenir ſe déclarer pour nous !
Ah ! ſans aller nous perdre en ces incertitudes,
Bornons le cours amer de tant d'inquiétudes,
Ne cherchons point comment nous ſerons plus heureux,
Ne voyons que l'amour, n'écoutons que nos feux ;
Et l'eſpérance, hélas ! l'eſpérance ſuprème
Qui tient lieu du bonheur, qui peut-être eſt lui-même.

AZÉMIRE.

Soliman vient encor troubler nos entretiens.

SCENE II.

Les mêmes, SOLIMAN, NARSÈS.

SOLIMAN.

J'ai dû les respecter; mais un de ces Chrétiens
Dans la ville, Madame, à l'instant se présente.

AZÉMIRE.

O Ciel !

TURENNE.

(*A part.*) Où me cacher?

SOLIMAN.

     La foule impatiente
A pas tumultueux le guide en ce palais,
En rassemblant sur lui des regards inquiets.

AZÉMIRE.

(*A part.*)
Que me veut-il?

TURENNE.

(*A part.*) Fuyons.

AZÉMIRE.

    Où courez-vous, Turenne?

TURENNE.

Hélas ! qui que ce soit j'ai mérité sa haine.
Souffrez que je l'évite, & que, loin de ces lieux,
Je retarde l'instant de m'offrir à ses yeux.

         B ij

SCÈNE III.

AZÉMIRE, SOLIMAN, NARSÈS.

SOLIMAN.

VOILA donc cet amant dont votre ame eft charmée,
Madame, & c'eft ainfi qu'Azémire eft aimée ?
Quelle eft donc fa penfée ? Aux regards des Chrétiens,
Peut-être il rougirait de vos feux & des tiens ?
Ne regarde-t-il pas comme une ignominie
Cette ardeur qui l'honore & qui vous humilie ?
Et vous l'aimez ?

AZÉMIRE.

Seigneur, ce Chrétien ne vient pas.

SOLIMAN.

L'empreffement du Peuple a ralenti fes pas ;
Vous le verrez bientôt : mais le voici.

SCÈNE IV.

Les mêmes, D'AMBOISE.

D'AMBOISE.

MADAME,
Un Chef digne de nous, & que l'honneur enflamme,
M'a daigné confier d'affez grands intérêts ;
Il aime fes Guerriers, vous aimez vos Sujets ;

Des Chrétiens dont le fort a trahi le courage,
Au milieu des combats ont subi l'esclavage;
Mais par un même fort vos meilleurs combattans
Dans le camp des Chrétiens languissent dès long-temps.
Si, vous laissant toucher à leurs plaintes communes,
Vous voulez terminer ces longues infortunes,
Vos Sujets reviendront défendre ces remparts,
Nos Croisés se rendront à leurs saints étendards.
Il en est un sur-tout, un que chérit la France;
Joignant à ses vertus une illustre naissance,
Turenne de nos Chefs & du soldat aimé,
Dans les regrets publics est sans cesse nommé.
Ah! de vos défenseurs rachetez la vaillance,
Rendez-nous des Chrétiens; & si, pour récompense;
Tandis que vous verrez le Soleil en son cours
Mesurer trente fois & les nuits & les jours,
Une trève, arrêtant les sanglantes alarmes,
Doit vous sembler utile au repos de vos armes,
De la part des Chrétiens je puis vous l'accorder;
Madame, & c'est à vous de me la demander.
Voilà ce que Bouillon m'a chargé de vous dire.

AZÉMIRE.

Aux désirs de Bouillon, Seigneur, je veux souscrire;
Mais......

SOLIMAN.

        Ciel! y pensez-vous, Madame, & devez-vous
A ces discours hautains un traitement si doux?
De ces Chrétiens vainqueurs quel serait le langage,
Alors qu'ils sont vaincus s'ils prodiguent l'outrage,

                                        B iij

Si leur Ambaſſadeur, fier de nous offenſer,
Parle dans votre Cour de vous récompenſer ?
Loin qu'il puiſſe en un mot vous impoſer en maître
Une trève aux Croiſés néceſſaire peut-être,
Lui-même en ſuppliant dût-il la demander,
Il ne faut point ſonger, Madame, à l'accorder.
Chrétien, cette franchiſe auguſte & révérée,
A tous vos Chevaliers n'eſt-elle plus ſacrée ?
Une fauſſe pitié n'éblouit point nos yeux;
Dépoſez, croyez-moi, cet art inſidieux :
Oſez en convenir; ſi cette nuit ſanglante
Dans le camp de Bouillon n'eût jeté l'épouvante,
D'une trève aujourd'hui vous n'auriez point parlé.
C'eſt bien légèrement que Bouillon s'eſt troublé;
Le Ciel, juſqu'à préſent à vos déſirs propice,
N'a point de vos grandeurs creuſé le précipice;
Mais de plus d'un combat ces lieux ſeront témoins :
Vous y comptez, je crois ?

D'AMBOISE.

Nous l'eſpérons du moins,
Et c'eſt trop exalter une faible victoire,
Dont même avec la nuit vous partagez la gloire.

SOLIMAN.

Et ſi la nuit, Chrétien, ne t'eût pas ſecondé,
Crois-tu qu'à tes efforts Antioche eût cédé ?

D'AMBOISE.

Peut-être.

AZÉMIRE.

Abandonnez une menace vaine,
Et parlez dans ma Cour & devant une Reine,

Vous, Seigneur, en Soudan, vous, en Ambassadeur :
Pour un jour de combat réservez cette ardeur.
Malgré votre victoire, & son orgueil étrange,
Je veux bien accepter & la trêve & l'échange.
Avec ses compagnons Turenne peut partir,
Et j'y consens, Chrétien, s'il y veut consentir.

D'AMBOISE.

O Ciel ! & pouvez-vous .... qu'il y consente,
Madame ; & voudrait-il .... notre attente ?
Et la gloire aujourd'hui n'en doit-elle obtenir.....

AZÉMIRE.

Il suffit : vous pourrez le voir, l'entretenir.
Me faut-il cependant répondre de son ame ?
Le puis-je ?

D'AMBOISE.

Pardonnez, je l'avais cru, Madame ;
On disait qu'en ces lieux Turenne désormais
Veut à des nœuds chéris s'abandonner en paix,
Qu'il aime en votre Cour.

SOLIMAN.

(A part.)   Ciel !

AZÉMIRE.

Pouvez-vous le crai ....

D'AMBOISE.

S'il était vrai, Madame, un ami doit le plaindre.

Mais j'ai peine à songer qu'oubliant son devoir.....

AZÉMIRE.

Ne vous ai-je pas dit que vous pourrez le voir ?

D'AMBOISE.

Déjà par vos discours je conçois sa faiblesse.

AZÉMIRE.

Tant d'audace, Chrétien, m'importune & me blesse;
Vous le verrez; allez.

D'AMBOISE.

(*A part.*)   Tout m'alarme pour lui.
Le péril est pressant; mais je suis son appui.

SCÈNE V.   •

AZÉMIRE, SOLIMAN, NARSÈS.

SOLIMAN.

A cet évènement je n'osais point m'attendre.
Quoi! vous y consentez ?

AZÉMIRE.

(*A part.*)   Turenne va l'entendre.
Mais je connais son cœur.

SOLIMAN.

Ah! vous devez songer
Que de vos fers, Madame, on vient le dégager.

Croyez-vous sur son cœur avoir tant de puissance,
Que rien ne puisse au moins suspendre la balance?
Entraîné loin de vous qu'il demeure, & qu'enfin
La voix de son pays le redemande en vain?

AZÉMIRE.

Oui, je le crois sans doute ; oui, telle est mon attente ;
Oui, loin de ses regards je lui serai présente ;
A ses feux, malgré vous, je dois me confier ;
Je le dois, je le veux. S'il osait m'oublier,
S'il devenait ingrat, (sans doute il ne peut l'être,)
Plaignez mon infortune & sachez me connaître,
Gardez-vous d'un espoir prêt à se ranimer ;
Vous me verriez mourir, mais non pas vous aimer.
Adieu, Seigneur.

SCÈNE VI.

SOLIMAN, NARSÈS.

SOLIMAN.

J'AI peine à contenir ma rage.
C'est peu de votre haine, ah ! joignez-y l'outrage ;
Ma valeur a le prix qu'elle dut obtenir.
Oui, j'ai tout fait pour vous ; est-ce assez m'en punir ?
Barbare, accablez-moi, je suis votre complice ;
Je ne puis vous haïr, c'est mon plus grand supplice.

N A R S È S.

Seigneur, tant de faibleſſe....

SOLIMAN.

Eh! veux je l'excuſer?
Raſſaſié d'affronts ſans me déſabuſer!
Allons.

N A R S È S.

Comment, Seigneur? quel deſſein vous inſpire?

SOLIMAN.

Allons chercher encor les mépris d'Azémire.
Je ſuis las de les craindre, allons les mériter,
Et trouver dans ſes yeux de quoi lui réſiſter.
Elle règne en Tyran dans mon ame éperdue;
Mais je prétends, je veux m'aguerrir a ſa vue,
Et rendre à ſes dédains adorés trop long-temps,
Des dédains froids comme elle, & comme elle inſultans.

ACTE III.

SCÈNE PREMIÈRE.

D'AMBOISE.

JE vais donc le revoir; je vais enfin connaître
Jusqu'où tombe un Héros quand l'Amour est son maître.
Je n'en saurais douter, ils brûlent tous les deux;
Les regards d'Azémire étaient pleins de ses feux.
Ce superbe palais, ces marbres, ce portique,
Tout ce faste imposant du luxe afiatique,
A ces murs séducteurs ces chiffres suspendus,
Dans un air enflammé ces parfums répandus,
De mille voluptés les charmes infidelles
Plongent l'ame étonnée en des langueurs mortelles.....
Non, tout n'est pas perdu, puisqu'il va m'écouter.
Un cœur si jeune encor pouvait-il résister?
Ainsi dans un moment changent les destinées,
Et d'autres soins jadis ont rempli ses années,
Turenne. Environné de guerre & de travaux,
Au sein de ses amis, de ses nobles rivaux,
Il respirait un air en grands exploits fertile.
Ici, dans les douceurs d'un loisir inutile,
Son ame toute entière est en proie au sommeil,
Et ne peut concevoir le moment du réveil.
Mais il vient.

S C È N E I I.

D'AMBOISE, TURENNE.

TURENNE.

Jour heureux ! c'eſt le Ciel qui t'amène.
D'Amboiſe, eſt-ce bien toi ? toi, l'ami de Turenne ?
Viens dans mes bras.

D'AMBOISE.

Arréte. Avant de m'y preſſer,
Dis moi quel eſt celui que je dois embraſſer.

TURENNE.

Tu peux . . . .

D'AMBOISE.

Envers ſon Dieu Turenne eſt-il perfide ?
Tu rougis.

TURENNE.

Cet accueil m'afflige & m'intimide.
(*A part.*)
Saurait-il . . . .

D'AMBOISE.

Un transfuge au camp s'eſt préſenté.

TURENNE.

Un transfuge ? Il a dit . . . .

D'AMBOISE.

Il a tout raconté.

TURENNE.

Ciel ! qu'entends-je ?

D'AMBOISE.

Il prétend que, chéri d'une Reine,
Sensible à son amour . . . .

TURENNE.

Il a dit vrai.

D'AMBOISE.

Turenne.

TURENNE.

Ah !

D'AMBOISE.

Tu n'oublieras point ton Dieu ni ton pays :
Bouillon l'espère encor, & moi, je l'ai promis.
L'attente des Chrétiens ne sera point frivole ;
Je l'ai promis, te dis-je, & je tiendrai parole.
Tu fais, je fais aussi tout ce que je te doi ;
Je t'aime, & je n'ai point oublié que sans toi,
Sous des glaives nombreux, ma valeur terrassée,
Aurait trouvé la mort dans les champs de Nicée.
C'est mon tour aujourd'hui d'être le bienfaiteur ;
Tu m'as sauvé le jour, je te rendrai l'honneur.

TURENNE.

D'Amboise, il faut parler. Ton amitié m'est chère ;
Mais aux vœux des Chrétiens je ne puis satisfaire.

D'Amboise.

Tu le crois.

Turenne.

Un ami n'a rien à te cacher ;
Et mon cœur dans le tien demande à s'épancher.
Sans crainte & sans détour permets qu'il te déploie
N'augmente point l'horreur qui se mêle à ma joie,
Ne sois pas inflexible, & laisse-moi goûter
Ce qu'au prix de la gloire il me faut acheter.
Laisse-moi mon bonheur. Il n'est plus sous les tentes ;
Hélas ! trop jeune encor a des palmes absentes,
Encor pleins des exploits qui me furent promis,
A l'ombre de ces murs trop souvent je gémis.
Plains-moi, dans les hasards fais oublier Turenne :
A ta gloire, d'Amboise, ajoute encor la mienne,
Perdu pour les Chrétiens, je veux revivre en toi,
Va cueillir ces lauriers qui ne sont plus pour moi,
Laisse tourmenter plus une ame infortunée,
Que de nouveaux destins l'amour a condamnée.

D'Amboise.

L'amour ! Dans ces climats aux langueurs consacrés,
Sous un Prophète impur long-temps déshonorés,
Je sais bien, mon ami, que sa voix criminelle
A la voix de l'honneur soit constamment rebelle ;
Je veux qu'un Syrien, soigneux de s'avilir,
Dans la honte à son gré puisse s'ensevelir,
S'ignore, & chaque jour adorant sa faiblesse,
Traîne une longue mort au sein de la mollesse :

Mais l'Amour est plus fier parmi nos Chevaliers ,
Il enfante la gloire & les travaux guerriers ;
Sa voix est généreuse , & dans ces grandes ames
De l'héroïsme encor fait irriter les flammes.
A la Cour de Philippe il fallut faire un choix
Qui voulût un cœur pur & de rares exploits.
De tes succès bientôt noblement amoureuse ,
De ton nom répété , de ses feux orgueilleuse ,
Elle aurait dit un jour en nommant son vainqueur :
C'est dans Jérusalem qu'il mérita mon cœur.
La beauté de tout temps brûla pour les grands hommes,
O Turenne ! l'Amour nous fait ce que nous sommes.
Compagnon de la gloire , il nous guide aux combats ;
Au milieu des dangers il affermit nos pas ,
De notre saint courage , aux rives de la France ,
Il fera quelque jour la douce récompense ,
Et des plus belles mains cent lauriers préparés ,
Appellent de Sion les Conquérans sacrés.
Si tu veux écouter une plus haute envie ,
Ce grand espoir de vivre au delà de sa vie ,
Oh ! c'est peu , mon ami , que d'un cri glorieux
Les Peu des étonnés nous portent jusqu'aux cieux ,
Que l'honneur & l'amour déja nous rendent illustre ,
De nos augustes faits les siécles retentissent.
Vantés au loin , chantés chez nos derniers neveux ,
Célébrés chez leurs fils , ils vivent tous pour eux ,
Retracé d'âge en âge en des récits nouveaux ,
L'étonnement du Monde & des races nouvelles.

TURENNE.

Ces discours généreux que m'adresse ta voix ,
Mon cœur en tremblant se les est dits cent fois ;

Mais je n'aspire plus à tant de renommée ;
Et contre qui veux-tu que ma main soit armée ?
J'ai déposé le glaive, & c'est pour elle enfin ;
Et je dois le reprendre & lui percer le sein !
Elle, qui nourrissant une injuste espérance,
Voyait déja mon bras voler à sa défense.
Connais-moi : pour servir aujourd'hui son courroux,
Non, sans doute, mon bras ne peut rien contre vous,
A l'honneur jusque-là je ne suis point rebelle,
Non ; mais pour vous enfin je ne puis rien contre elle.

D'AMBOISE.

Sois son vengeur, Turenne, ou sois son ennemi,
Et non pas vertueux, criminel à demi.
Pour ces murs cependant un long calme s'apprête ;
Tous les vœux sont tournés vers une autre conquête ;
Bouillon, d'un siége obscur fatigué désormais,
Au Sépulcre divin veut marcher sans délais ;
Rien ne doit t'alarmer.

TURENNE.

Ainsi loin d'Azémire,
Pour venger notre affront, j'irais....

D'AMBOISE.

Qu'oses-tu dire ?
Ce n'est pas notre affront, c'est l'injure des Cieux.
Quand nous avons quitté ces champs délicieux
Que baigne ou la Gironde, ou la Seine, ou la Loire,
Ce fut pour conquérir une pénible gloire ;

Et,

Et, franchiffant les monts, les fleuves, les torrens,
L'aftre des Syriens, aux regards dévorans,
Les armes, les remparts, les landes inféfondes,
Nous devions du Jourdain venger les faintes ondes,
Abattre du Croiffant la coupable grandeur,
Et des murs de Sion relever la fplendeur.
Cette œuvre généreufe eft prefque confommée,
D'un triomphe éternel notre route eft femée,
Tout a fubi le joug, Sion nous tend les bras,
Pour aller jufqu'à Dieu nous n'avons plus qu'un pas;
Un feul : & tu prétends retourner en arrière !
Que diront les Français? que dira ton vieux père,
Alors qu'il apprendra par d'indignes récits,
Qu'en des bords criminels on a laiffé fon fils;
Qu'à l'honneur, aux combats qui t'appelaient loin d'elle;
Son fils a préféré les bras d'une Infidelle,
Ce fils qu'aimait la France, & que du haut des Cieux
Avec orgueil déjà contemplaient fes aïeux?
Ton père! & voilà donc le prix de fa tendreffe?
Il fe rappellera ces temps où fa vieilleffe
Dans les champs de l'honneur guidait tes premiers pas;
Ce Héros fans regret, voifin de fon trépas,
Voyait revivre en toi fes belles deftinées :
Après avoir été pendant quarante années
Le foutien de nos Lis, l'honneur des Chevaliers,
Ses cheveux blancs encor attendaient tes lauriers.
Il lui faut déformais, fans fils, fans efpérance,
Chargé de tant d'exploits rougir devant la France,
Et de fes jours vieillis maudiffant le fardeau,
Traîner plaintivement fon nom dans le tombeau.

C

TURENNE.

Ne me préfente plus cette accablante image.
Il connaîtrait la honte ! & voilà mon ouvrage ?
Il verrait tant d'exploits par moi feul obfcurcis,
Et fes derniers foupirs accuferaient un fils ?

D'AMBOISE.

Eh bien , que réfous-tu ?

TURENNE.

               Cruel ! eh ! que réfoudre ?
Demeurer, je fuis vil & rien ne peut m'abfoudre ;
Fuir....

D'AMBOISE.

    Tu reprends ta gloire.

TURENNE.

                  Et je perds le bonheur.
Du choix qui m'eft refté conçois-tu la rigueur ?
Flotter entre une amante & l'honneur, la Patrie ,
Entre le défefpoir , hélas ! & l'infamie.

D'AMBOISE.

N'es tu donc plus Chrétien ?

TURENNE.

             Je fuis encor amant.

D'AMBOISE.

Infenfé !

TURENNE.

L'oublier !

D'AMBOISE.

Tu le dois.

TURENNE.

O tourment !

D'AMBOISE.

Faut-il être avili ?

TURENNE.

Faut-il être parjure ?

D'AMBOISE.

Tu l'es.

TURENNE.

Que décider ?

D'AMBOISE.

Rends-toi, je t'en conjure :
Que dis-je ? on te l'ordonne ; & non plus l'amitié,
Et non plus pour ton père un reste de pitié,
Non plus tous les Chrétiens, Bouillon, ni l'honneur même ;
Mais un plus grand pouvoir, mais une voix suprême,
Un Dieu qui nous entend, qui nous voit en ces lieux,
Qui repose sur toi ses invisibles yeux.
Ne trahis point, Turenne, une cause si belle ;
Tout doit s'anéantir lorsque Dieu nous appelle.
Tu l'entends, il te parle, il veut être écouté,
Il venge tôt ou tard son ordre rejeté :
Ton cœur, songes-y bien, devant lui fut coupable.
Tu frémis. Ne rends point ton crime irréparable ;

C ij

Mérite le pardon qu'il te faut obtenir,
Et ne lui laisse pas le temps de te punir.

T U R E N N E.

Je ne résiste plus ; courons, courons aux armes.
D'Amboise, en t'écoutant je rougis de mes larmes.
D'un feu moins triomphant mon cœur fut penétré,
Alors que dans Clermont le Pontife inspiré,
Urbain, des lieux sacrés prêchant la délivrance,
Au tombeau glorieux précipitait la France.
Jamais le saint Ermite & ses mâles accens,
De cet effroi divin n'embrasèrent mes sens,
Lorsque du Sarrabat les rives prisonnières
Virent flotter la Croix sur nos saintes Bannières,
Ou lorsque dans le choc des combats meurtriers,
Ses vœux ouvraient le Ciel à nos vaillans Guerriers.
Sois mon fidèle appui, c'est toi que je veux suivre ;
Je vois que dans ces lieux je ne sçaurais plus vivre,
Je sais que dans ces lieux j'avais mis mon bonheur,
Je sais que d'aujourd'hui tout doit m'y faire horreur,
Que son culte est affreux, que c'est une Infidelle :
Et j'ai tout expié, puisque je fuis loin d'elle.
J'offre à Dieu les tourmens qu'elle me fait souffrir,
Je fus coupable, ami, si j'ai pu la chérir,
Ou plutôt je le suis ; elle m'est chère encore ;
Je rougis de pleurer, je pleure, & je l'adore,
Et je sens..... Ne crains rien, tu vois mon désespoir,
Mais tu seras content, Bouillon va me revoir.

D'A M B O I S E.

Ce n'est pas tout.

TURENNE.

Comment?

D'AMBOISE.

      Il faut, mon cher Turenne,
D'un espoir insensé désabuser la Reine.

TURENNE.

Moi !

D'AMBOISE.

   L'effort est pénible, il te pourra couter ;
Mais le prix est si beau que tu vas remporter.
Pour ne point succomber à de viles tendresses,
Songe que Dieu lui-même a reçu tes promesses :
Moi, de nos compagnons détenus dans les fers,
Je cours, il en est temps, sécher les pleurs amers ;
Aux tentes des Chrétiens c'est moi qui les rassemble :
Attends-moi dans ces lieux ce soir ; &, tous ensemble,
Nous irons nous ranger sous l'étendard de Dieu.

TURENNE.

Je le veux.

D'AMBOISE.

Maintenant viens m'embrasser. Adieu.

SCÈNE III.

TURENNE.

JE vais brifer enfin des nœuds illégitimes :
Il faut donc , ô mon Dieu ! t'immoler deux victimes?
Je vais la fuir. Ce coup n'était pas attendu ;
On le veut , j'ai promis , j'ai fait ce que j'ai dû;
Allons. C'eft fon amour , fes pleurs que je redoute.
Ses pleurs ! ils vont couler; je dois gémir fans doute;
Le Ciel veut mon départ ; mais le Ciel irrité
Peut il me commander l'infenfibilité ?

SCÈNE IV.

TURENNE, AZÉMIRE, ISMÈNE.

AZÉMIRE.

ENFIN donc quelques jours nous pourrons fans alarmes,
D'un amour mutuel refpirer tous les charmes ,
Turenne ; & ce Chrétien que vous venez de voir ,
De vous rendre à Bouillon n'a plus aucun efpoir.

TURENNE.

(*A part.*)   (*Haut.*)
Quel fupplice !.... Azémire !....

AZÉMIRE.

Eh bien?...

TURENNE.

(*A part.*) Quoi ! je balance

(*Haut.*)   (*A part.*)

Sachez.... Non , cet effort n'eft pas en ma puiffance.

AZÉMIRE.

Vous détournez les yeux , vous pleurez ; & je voi
Qu'il vous en a coûté pour être tout à moi.
Comme fi les deftins , à mes feux plus propices ,
M'impofaient aujourd'hui de moindres facrifices.
Ah ! mes Sujets , Turenne , & puis-je m'abufer ?
Si Bouillon vous accufe , ont droit de m'accufer.
S'il faut de mes traités rendre compte à l'Afie ,
Je dois le confeffer , rien ne les juftifie : ,
Mais enfin je vous aime.... & vous m'aimez.

TURENNE.

Hélas!

Vous voyez.... apprenez.... vous ne concevez pas....;

AZÉMIRE.

Ciel ! que dois-je augurer ? quel trouble !

TURENNE.

Non , Madame ,

On ne brûla jamais d'une auffi tendre flamme.

AZÉMIRE.

Eh bien ! s'il eft ainfi , qui peut donc vous troubler?

TURENNE.

(*A part.*)

O Dieu ! comment fe taire , & comment lui parler?

C iv

(*Haut.*)

Ce Chrétien.... Nos deux cœurs font unis dès l'enfance ;
Son amitié, Madame.... excufez mon filence ;
De tout ce qu'il m'a dit, mes fens encor émus.....

A Z É M I R E.

Turenne, apprenez moi.....

T U R E N N E.

                 Ne m'interrogez plus.
Je ne puis vous parler, hélas ! ni vous entendre ;
Et j'ai loin de vos yeux des larmes à répandre.

SCÈNE V.

A Z É M I R E, I S M È N E.

A Z É M I R E.

Ismène, eft-il bien vrai ? Je frémis d'y penfer ;
Quelque chofe en fon cœur pourrait me balancer !
Il m'échappe, & fes pleurs.... Non, je ne puis le croire ;
Il m'aime, il doit m'aimer, il y va de fa gloire,
Il y va de ma vie ; & l'ingrat déformais
Veut-il de mon trépas payer tous mes bienfaits ?
J'aurais trop à rougir.... Il femblait fe contraindre.
Il oferait.... Tu vois combien je fuis à plaindre !
Dans fon cœur mieux que moi tu pouvais pénétrer.
Quel eft donc ce fecret qu'il doit me déclarer ?
Ne m'aimerait-il plus ? O deftin déplorable !
Quand de vos fentimens l'objet irréparable,

Après tant d'heureux jours oubliés déformais,
Vous fuit, vous abandonne, & cela pour jamais !
Que dis-je ? Loin de moi cette image cruelle,
Je sens que j'ai besoin de le croire fidèle.

ISMÈNE.

Quoi, ses fermens.....

AZÉMIRE.

Hélas ! où sont donc les momens
Alors que dans ses yeux je lisais ses fermens ?
Un reste de tendresse anime encor sa bouche ;
Mais ses yeux sont armés d'un silence farouche.
A mon amour, Ismène, il offre déformais
Des larmes, des regards ou troublés ou muets.
Après tout, j'ai moi seule ordonné mon injure,
Il etait trop aimé pour n'être point parjure.
Enfin c'est un Chrétien, rien ne doit m'étonner.

ISMÈNE.

D'un changement si noir, pourquoi le soupçonner ?

AZÉMIRE.

Ai-je rien fait, dis-moi, pour mériter sa haine ?
Me haïr ! me tromper ! lui, me tromper, Ismène ?
C'est d'un frivole soin trop long-temps m'occuper ;
Turenne est un Héros, il ne sçaurait tromper.
Sans redouter sa haine ou son indifférence,
Donnons à ses fermens une entière assurance.
Ses vertus, tout en lui m'est garant de sa foi,
Tout me jure... & pourtant je tremble malgré moi ;

D'un noir preſſentiment je ne puis me défendre.
Viens, je veux m'éclairer, je veux le voir, l'entendre;
Lui ſeul de mes ſoupçons peut diſſiper l'horreur,
Iſmène, & mon deſtin eſt au fond de ſon cœur.

ACTE IV.

SCÈNE PREMIÈRE.

SOLIMAN, NARSÈS.

SOLIMAN.

Narsès, avec horreur elle fuit donc ma vue?

NARSÈS.

Je ne sais ; mais enfin, inquiète, éperdue,
Seigneur, elle semblait nourrir quelques soucis;
Ses yeux même, ses yeux de larmes obscurcis.....

SOLIMAN.

Non, les pleurs sont pour moi. Tu sais ce qu'on m'apprête;
Je veux troubler du moins leur exécrable fête.
Tu vois que ces brigands, de ruine affamés,
Tiennent de toutes parts ses Sujets enfermés ;
Fuyons loin d'elle, ami, fuyons loin de ma honte,
Courons, de ses dédains faisons-lui rendre compte :
Qu'elle pleure à son tour.

NARSÈS.

Seigneur, y pensez-vous?
Et quel est donc l'objet d'un si puissant courroux ?

Faut il quand une femme est ingrate ou parjure,
Les armes à la main réparer cette injure ?
Son joug doit vous peser : fous un joug plus honteux,
Les Chrétiens cependant vous oppriment tous deux.
Voilà le feul penfer qui doit remplir votre ame,
Non Turenne, Azémire, & leur ftérile flamme.
Eh quoi ! l'on vous préfère un indigne rival ?
Ignorez-vous ce fexe & fon penchant fatal ?
Cent fois d'un lâche amour les caprices coupables
Ont fermé fon oreille à des vœux refpectables,
Et jamais avant vous Guerrier ne s'eft armé
Pour punir un objet qu'il avait trop aimé.

S O L I M A N.

Jamais pareille injure. Ah ! que doit elle attendre ?
Prétends-tu me blâmer ? prétends-tu la défendre ?
Juftifier fon cœur lâchement dégradé ?
Dis-moi, quel intérêt en ces lieux m'a guidé ?
Que m'importaient à moi les dangers d'Héraclée,
Et votre Cilicie à fon tour défolée ?
Je n'ai vu qu'Azémire, & j'en reçois le prix.
Il faut donc que j'apprenne à fouffrir des mépris ;
Pour tant de cruautés il faut de l'indulgence ;
Et je dois rechercher non ma jufte vengeance,
Mais des foupirs perdus, des fanglots impuiffans,
Ou le pénible honneur de régner fur mes fens.
Nourri dans les combats, mais tendre, mais fenfible,
Je ne connais point l'art de cet orgueil paifible.
De nos ardens climats j'ai toute la fureur :
On ne m'a pas inftruit à contraindre mon cœur ;

Et ce cœur indocile aux conseils de la gloire,
Ne fait ni remporter ni feindre la victoire.
Si je suis Soliman, si l'on m'ose outrager,
Si j'ai versé des pleurs, je prétends les venger.

NARSÈS.

Eh bien ! Seigneur, eh bien ! confiez-vous au glaive,
Vengez-vous ; si la Reine a besoin d'une trève,
Déclarez aux Chrétiens que la guerre est pour vous.
Ils chancèlent : sur eux précipitez vos coups,
Et défaits à demi par votre renommée,
Une seconde fois traversez leur armée.
J'adopte vos drapeaux, Seigneur ; je ne veux pas
Pour un vil étranger affronter les combats,
Et toujours d'une Reine adorant les caprices,
Sous un joug sacrilège abaisser mes services.
Ainsi de vos soupirs vous vengerez l'affront ;
Et bientôt, croyez-moi, ses regrets vous suivront ;
Il faudra que son cœur, s'ouvrant à la lumière,
Se déclare pour vous avec l'Asie entière.

SOLIMAN.

Ami, ne perdons pas des momens précieux ;
L'Envoyé des Chrétiens approche de ces lieux :
Turenne est avec lui. Je sens que leur présence
Irrite dans mon cœur la soif de la vengeance.

SCÈNE II.

Les mêmes, D'AMBOISE, TUREN?

SOLIMAN.

AZÉMIRE a daigné recevoir vos bienfaits ;
Vous la favorisez de quelques jours de paix ;
Mais Soliman, Seigneur, ne veut pas d'indulgence :
On pourrait, je le sens, blâmer ma négligence ;
Mes pertes, mes affronts ont marqué tous vos pas,
Et la Croix insolente usurpe mes Etats.
Rien ne doit ni fléchir ni suspendre ma haine.
Mon sort n'obéit pas au destin de la Reine ;
Et si par des Sujets ses vœux sont respectés,
Ce fer n'est pas du moins soumis à ses traités.
Adieu, Seigneur ; bientôt sorti de ces murailles,
Je veux tenter encor le destin des batailles :
J'aurai soin de hâter ces glorieux instans ;
Pour vous & pour l'Asie ils seront importans.

D'AMBOISE.

Je le crois; mais, Seigneur, à vous parler sans feinte,
Ces instans ne sçauraient nous inspirer la crainte ;
Ils seront désirés, & jamais assez prompts.

SOLIMAN.

Je vais tout disposer.

D'AMBOISE.

Et nous vous attendrons.

SCÈNE III.

D'AMBOISE, TURENNE.

D'AMBOISE.

EH bien, de ton départ la Reine est-elle instruite?

TURENNE.

Elle ignore tout.

D'AMBOISE.

Ciel !

TURENNE.

Tu règles ma conduite ;
Ecoute-moi, d'Amboise, & ne t'alarme pas.
A l'instant, s'il le faut, je marche sur tes pas,
Et quels que soient enfin les attraits d'Azémire,
C'est un camp désormais, c'est la guerre où j'aspire.
Ce Barbare lui seul eût décidé mon cœur ;
Mais toi de mon devoir adoucis la rigueur.
De cet affreux départ porte-lui la nouvelle ;
Puisse encor ta pitié la rendre moins cruelle !

D'AMBOISE.

Tu veux que je lui parle, & j'y dois consentir.

TURENNE.

Et moi, dès ce moment, je suis prêt à partir.

Tu verras qu'aux lauriers je puis encor prétendre ;
Que je n'ai point changé.

D'AMBOISE.

Je me plais à t'entendre.
Combien de mes efforts je bénis le succès,
Et combien tous nos Chefs vont être satisfaits !
Sur-tout du vieux Raymond tu combles l'espérance ;
Il t'aime, il a souvent regretté ton absence ;
Il pleurait cet amour qui souillant tes lauriers
Enlevait un modèle à nos jeunes Guerriers :
Mais eux ! tu vas les voir & tu vas les entendre.
Eux ! cet emploi si cher à mon amitié tendre,
Montaigu, Châtillon, tous le voulaient remplir ;
Au devant de nos pas tu les verras courir,
Ils vont féliciter la main qui te ramène :
Trop heureux en effet de leur offrir Turenne,
Délivré de sa honte & marchant aux saints lieux,
Turenne digne encor de ses nobles aïeux,
Digne encor d'arracher aux mains de l'Infidelle,
Son Dieu, Jérusalem, & la tombe immortelle,
Digne encor de ce nom qui doit être à jamais
Le bouclier du trône & l'honneur des Français.
On vient, c'est Azémire ; ôte-toi de sa vue.

SCÈNE

SCÈNE IV.

D'AMBOISE, AZÉMIRE, ISMÊNE.

AZÉMIRE.

TURENNE.... expliquez-moi cette fuite imprévue,
Seigneur; à quel dessein m'osez-vous arrêter ?
Que dit-il ? que veut-il ? & qu'ai-je à redouter ?

D'AMBOISE.

Ecoutez-moi, Madame.

AZÉMIRE.

(*A part.*)   O ciel ! que vais-je apprendre ?
(*Haut.*)
Parlez.

D'AMBOISE.

Dans votre cœur qui s'est laissé surprendre,
La paix, la liberté doit renaître en ce jour.
Sensibles tous les deux, je sais trop que l'amour
A de votre jeunesse égaré l'imprudence;
Il inspire toujours l'aveugle confiance :
Apprenez qu'à jamais vos cœurs sont séparés;
La fortune entre vous mit des remparts sacrés.
Un devoir éternel qu'il reconnaît lui-même....

AZÉMIRE.

C'en est fait. Achevez; il me hait ?

D'AMBOISE

Il vous aime.

D

Il vous fuit cependant ; montrez-vous aujourd'hui
Maîtresse de vous-même & digne en tout de lui.

A Z É M I R E.

Heureuse par lui seul, toute sous son empire,
Pour l'aimer, pour lui plaire une amante respire,
L'ingrat ! c'est à demi qu'il reconnaît ma loi !
Il a quelque devoir qui l'emporte sur moi !
Il veut me fuir ! qu'il parte ; il faut bien me soumettre :
C'est l'arrêt de ma mort, il n'en sait rien peut-être.
Mais l'a-t-il prononcé ? m'a-t-il pu condamner ?
Le croyez-vous enfin qu'il m'ose abandonner ?
Courez, rendez-le-moi ; ramenez .... je m'égare.
Vous voyez mes tourmens, je vous les dois, barbare :
Vous avez tout conduit. Qui ? vous me secourir !
Vous ! je ne prétends pas, Seigneur, vous attendrir ;
Je sais qu'à ma douleur vos yeux trouvent des charmes ;
Qu'en m'apportant la mort, que témoin de mes larmes,
Votre cœur les méprise, &, se fermant au mien,
Regarde avec horreur ce qui n'est pas Chrétien.
Ainsi le veut sans doute un implacable maître ;
Votre Dieu vous défend .....

D'A m b o i s e.

                        Sachez mieux le connaître.
Sa gloire & non la haine alluma le flambeau
Qui dirige nos pas & marche à son tombeau.
D'un trépas éternel son trépas nous délivre,
Et sa Loi me prescrit de l'aimer, de le suivre,
Soldat, vainqueur sous lui, de ne le point trahir,
D'abhorrer votre culte & non de vous haïr.

Vous ne m'entendez pas d'une vertu sauvage
Affecter devant vous le fastueux langage.
Français & Chevalier je ressens vos douleurs,
Et mon cœur ne sait pas insulter à des pleurs.
Laissez de vos chagrins éclater la faiblesse,
Elle est trop excusable & n'a rien qui me blesse ;
D'un Héros qui vous aime il faut vous séparer ;
Ne vous contraignez pas, c'est l'instant de pleurer :
Pleurez ; mais imitez l'exemple de Turenne.
Jaloux de son pouvoir, l'amour cède avec peine ;
Mais (& ne puis-je enfin vous en persuader ?)
Il est des loix, Madame, à qui tout doit céder.

SCÈNE V.
AZÉMIRE, ISMÈNE.

AZÉMIRE.

DE ce cruel moment j'ai prévu les atteintes,
Mon cœur ne s'ouvrait point à de stériles craintes ;
Turenne m'abandonne ! & toi, dont j'ai pour lui
Récompensé si mal la vaillance & l'appui,
Vous qui, de ma beauté flattant le vain empire,
Soupiriez, gémissiez pour l'ingrate Azémire ;
Si ses dédains cruels vous ont tous outragés,
On l'outrage à son tour ; vous êtes tous vengés.
Lui me trahir ! Ecoute : on s'abuse peut-être,
Et mon cœur à ces traits ne peut le reconnaître.
Vas, dis-lui.... Mais, Ismène, à quoi bon le revoir ?
Aussi-je encor sur lui quelque ombre de pouvoir ?

D ij

Ah ! mon incertitude est cent fois plus cruelle.
Va le trouver ; dis-lui qu'Azémire fidelle ,
Fidelle malgré lui, malgré son changement,
Ne veut que la douceur de le voir un moment.

SCÈNE VI.

Azémire.

S'il part, plus de bonheur, plus de jours à prétendre ;
Et de cet entretien tout mon sort va dépendre.
Ciel ! maître des destins, toi qui me fais aimer,
Fais aussi que mes pleurs le puissent désarmer ;
Prête , prête à ma voix un accent qui le touche.
Fais, ô Ciel ! que mon cœur tout entier sur ma bouche
Trouve son cœur facile & prêt à m'écouter.
Hélas ! contre un amour qu'on voudrait surmonter ,
Il n'est, je le sens trop, que d'impuissantes armes :
Mais le voici. Je sens redoubler mes alarmes.

SCÈNE VII.

AZÉMIRE, TURENNE.

Azémire.

NE craignez point, Seigneur, de rencontrer mes yeux ;
Approchez-vous. Avant que vous quittiez ces lieux,
Sur ce dernier espoir ma douleur se repose,
Que d'un tel changement vous m'apprendrez la cause.

J'ai cru que vous m'aimiez; les plus tendres discours
D'un bonheur éternel m'assuraient tous les jours;
A vous plaire, à vous voir j'étais accoutumée,
Et je ne sais pourquoi je ne suis plus aimée.

TURENNE.

Grand Dieu!

AZÉMIRE.

Vous le savez.

TURENNE.

Interdit & confus.....:

AZÉMIRE.

Instruisez-moi de grace, & ne me trompez plus.

TURENNE.

Moi! je vous ai trompée? & pouvez-vous, Madame,
Pouvez-vous à ce point méconnaître mon ame?
Vivre en vous adorant m'était un sort bien doux,
Mais il me faut mourir & mourir loin de vous.
Régnez, oubliez-moi. C'est vous que j'en atteste,
Vous, ma Religion, une gloire funeste,
Je vous aime; & je cours remplir l'ordre du Ciel.
Rester m'est impossible.

AZÉMIRE.

Et c'est aimer, cruel!
C'est aimer! Quand on aime il n'est rien d'impossible,
Et la haine vaut mieux que cet amour paisible.
Que tes vœux désormais se rassemblent sur moi,
Amis, gloire, parens, je serai tout pour toi.

D iij

Moi, régner? laisse-là mes Sujets, ma couronne;
Tu prétends loin de toi m'exiler sur un trône:
Je n'en veux plus. Tu cours aux tentes des Chrétiens;
Voici ta route, allons, mes pas suivront les tiens.
Tu m'aimes, c'est assez. Française ou Syrienne,
Dans ces lieux, dans ton camp, Musulmane ou Chrétienne,
Reine, esclave, il n'importe. Ah! songe que pour moi
Le trône, le bonheur, l'Univers n'est que toi.
Tu combles tous les vœux de mon ame enflammée;
Azémire en t'aimant ne veut rien qu'être aimée.
Viens.

TURENNE.

    Jusqu'où vos désirs se vont-ils égarer?
Madame, à cet espoir cessez de vous livrer.
Qui, vous? suivre mes pas! Non, vous seriez coupable,
Et de vous avilir Turenne est incapable.
Les autels de mon Dieu que vous méconnaissez,
D'un hommage imposteur seraient trop courroucés.
Pardonnez; vous l'avez outragé dès l'enfance;
Moi-même en vous aimant je sens que je l'offense.
Quittez après cela votre Loi, votre Cour;
Recevra-t-il des vœux qu'aura dictés l'amour?
Non, non, Madame, il faut.....

AZÉMIRE.

                Il faut que tu me fuies!

TURENNE.

Azémire, on a vu des amantes trahies,
On a vu des ingrats, d'un beau destin lassés,
Insulter aux sermens qu'ils avaient prononcés,

Délaisser une amante, &, pour comble d'injure,
Aller nourrir loin d'elle une flamme parjure.
Mais se voir l'un à l'autre arrachés malgré soi,
Mais rompre ses liens sans dégager sa foi,
Mais fuir en l'adorant un objet plein de charmes,
Mais retrouver par-tout sa présence & ses larmes!
Quel effroyable sort s'appesantit sur nous!
En causant vos tourmens je souffre plus que vous.
Ne me retenez plus. Dieu m'appelle & me guide;
Dieu m'attend.

AZÉMIRE.

Tu le veux, eh bien, fuis-moi, perfide.
Sur-tout vante-moi bien ton héroïque effort;
Tu crois servir le Ciel en me donnant la mort:
Le Ciel de tes fureurs ne peut être complice,
Sous les murs de Sion il me doit ton supplice:
Va, tremble d'invoquer au jour de ton trépas
Azémire qui t'aime, & ne t'entendra pas.
(*) Tu veux m'abandonner? eh! comment y survivre?
Tu peux rester, cruel, si je ne peux te suivre.

———————————————————

(*) Le morceau suivant est imité du quatrième Livre de l'É-
néide.

Mene fugis? per ego has lacrimas dextramque tuam, te,
Quando aliud mihi jam misera nihil ipsa reliqui,
Per connubia nostra, per inceptos hymenaeos,
Si bene quid de te merui, fuit aut tibi quicquam
Dulce meum: miserere domûs labentis; & istam,
Oro, si quis adhuc precibus locus, exue mentem.

D iv

Par nos feux mutuels, par le plus doux lien,
Par ces pleurs, aujourd'hui je n'ai plus d'autre bien;
Dépouille en ce moment une ame injuste & dure;
Ah! ton Dieu, quel qu'il soit, doit venger le parjure.
Chrétiens, Princes, Sujets irrités contre moi,
J'ai tout bravé, Turenne, & tout bravé pour toi.
Mon sceptre, ma couronne à toi seul affervie,
Cet orgueil, ces honneurs, cet éclat de ma vie,
La pudeur que je crus pouvoir toujours chérir,
Imprudente! pour toi quand j'ai pu les trahir,
Tu pars; & loin de toi, ta malheureuse amante,
Loin de toi sur ces bords tu la laiffes mourante!

TURENNE.

D'Amboife!

AZÉMIRE.

Je le vois, ton cœur est agité:
Il ne renferme point tant d'inhumanité.

TURENNE.

Laiffez-moi; de vos pleurs j'ai peine à me défendre,
Et déjà mon devoir ne se fait plus entendre.

AZÉMIRE.

Prends aussi, prends mes jours, si tu fuis loin de moi;
Ils me font odieux, ils ne font plus à toi.

Te propter Libyca gentes, Nomadumque Tyranni
Odere, infenfi Tirii: te propter eumdem
Extinctus pudor, & quâ folâ fidera adibam,
Fama prior: cui me moribundam deferis hofpes?

Va retrouver Bouillon ; du fang de ton amante,
Va, cours à tes Chrétiens offrir ta main fumante.
Dis-leur : J'ai pu la voir fans me laiffer fléchir,
Tremblante à mes genoux, pleurer, prier, gémir.
Dis-leur : Elle n'eft plus, & j'ai tranché fa vie ;
Comblé de fes bienfaits, Chrétiens, je l'ai punie,
J'ai méprifé fes pleurs, c'était peu du mépris ;
Elle m'idolâtrait, fa mort en eft le prix.

TURENNE.

Ciel !

AZÉMIRE.

Tu frémis ! Turenne.

TURENNE.

O ma chère Azémire !
Sur le cœur d'un amant tu connais ton empire.
Et je te fuirais ! moi ! qui, moi t'abandonner !
La France & les Chrétiens ont beau me l'ordonner.
Je veux te voir, t'aimer, t'idolâtrer fans ceffe,
Jouir de mon bonheur, du tien, de ma tendreffe,
Loin de tous les regards brûler à tes genoux,
Brûler, être à jamais ton amant, ton époux,
Toi-même : & fi d'un Dieu l'autorité cruelle
A des liens fi chers veut me voir infidèle,
Je lui défobéis ; &, dût-il fe venger,
Tu le veux, c'eft affez, je cours me dégager.

ACTE V.

SCÈNE PREMIÈRE.

TURENNE.

crains, je fuis d'Amboise. Il faut que je l'attende ;
que je lui parle, & que son cœur m'entende.
dois lui déclarer..... l'oserai-je jamais ?
approche.

SCÈNE II.

TURENNE, D'AMBOISE.

D'AMBOISE.

Partons, nos compagnons sont prêts.
1 ne me réponds point ?

TURENNE.

Tu vois couler mes larmes.
te répondre assez.

D'AMBOISE.

Pourquoi donc ces alarmes ?

Ah ! fais taire un moment de frivoles douleurs ;
Une fois hors des murs je te permets les pleurs.
Marchons.

TURENNE.

Attends encor.

D'AMBOISE.

C'est déjà trop attendre.

TURENNE.

Je ne puis te parler.

D'AMBOISE.

Je n'ose te comprendre.

TURENNE.

Au nom de la pitié.

D'AMBOISE.

Que veux-tu ?

TURENNE.

Je frémis.

D'AMBOISE.

As-tu donc oublié ce que tu m'as promis ?

TURENNE.

Je n'ai rien oublié ; mais plains mon infortune,
Mais ne m'oppose plus une gloire importune,
Ni Bouillon, ni ce Dieu que je dois redouter,
Et que mon cœur séduit ne peut plus écouter.

D'Amboise.

Jufte Ciel !

TURENNE.

Ce langage a lieu de te furprendre.
Oui, c'en eft fait, d'Amboife, il a fallu me rendre,
Je ne partirai point. Tu n'as pas vu fes pleurs,
Tu n'as pas d'Azémire entendu les douleurs;
J'ai tout fait, tout tenté pour vaincre ma tendreffe,
De mon cœur mille fois accufé la faibleffe.
Un père, ma patrie, un ami dans ce jour,
L'honneur, Bouillon, Dieu même a combattu l'amour;
Contre elle, jufqu'à moi, tout s'eft uni : n'importe,
Seule avec fon amour Azémire l'emporte;
Et, las de prolonger un inutile effort,
En tombant à fes pieds, j'ai défiré la mort.

D'Amboise.

Dieu !

TURENNE.

S'il faut que je meure ou que je la trahiffe,
C'eft au Ciel à frapper, j'attendrai mon fupplice :
Car enfin, d'un tel coup fi je vais l'accabler,
Crois-tu que l'avenir pourra la confoler ?
J'aurais gardé ce prix à l'amour le plus tendre ?
Je pourrais . . . .

D'Amboise.

C'eft affez, je ne veux plus t'entendre.
Mais puifque j'écoutais un chimérique efpoir,
Puifque l'honneur fur toi n'a plus aucun pouvoir,
Puifque tu veux ramper aux pieds d'une maîtreffe,
Puifque je dois enfin rougir de ma promeffe,

Et que d'un fol amour indignement charmé ;
Tu me punis fi bien de t'avoir estimé :
Je pars, & je vais dire aux Français qui t'attendent :
Français, c'est vainement que vos cris le demandent,
Il déteste fon Dieu, la gloire, la vertu.
Turenne n'est qu'un lâche.

TURENNE.

       Ah ! cruel, que dis-tu ?
Si le fer farafin ne me l'a point ravie,
D'Amboife, tu la hais, c'en est fait, prends ma vie ;
C'en est fait, jeune encor, j'ai déjà trop vécu,
Et cet indigne outrage . . . .

D'AMBOISE.

      Il pleure : j'ai vaincu.
Va, laiffe-les couler ces larmes du courage,
Du réveil d'un Héros éclatant témoignage.
Non, tu n'es point un lâche ; & fi jamais ton front
Eût fupporté la honte & rougi d'un affront,
Si ta valeur cent fois ne s'était fignalée,
Je ne te viendrais pas chercher dans Héraclée ;
Je n'aurais rien promis. Pardonne fi ma voix
D'un odieux reproche outrageant tes exploits,
A fu bientôt fixer tes vertus incertaines,
Rallumer ce beau feu qui coule dans tes veines,
Et fi le cœur enfin d'un brave Chevalier,
Guéri par une infulte, a brillé tout entier.

TURENNE.

Ote-moi mon amour. Du moins, s'il faut te fuivre,
En ne me voyant plus, fais qu'elle puiffe vivre.

D'un regard de courrous si Dieu voit mes combats,
Non, Turenne, ô mon Dieu ! ne se révolte pas.
Ah ! qu'au fond de son cœur ta voix daigne descendre :
Prends pitié de ce cœur que tu formas si tendre,
De mille passions jouet infortuné,
Roseau faible & fragile, aux vents abandonné.
Sur-tout que tes bontés ne s'écartent point d'elle.
Si mes vœux, Dieu clément, sont pour une Infidelle,
Ignorer ta Loi sainte, est-ce un crime odieux,
Un forfait qui la rende étrangère à tes yeux ?
Elle vient. Je la vois. Où fuir ? O Ciel !

D'AMBOISE.

Demeure.

TURENNE.

D'Amboise, en la quittant tu veux donc que je meure !
Quel moment ?

D'AMBOISE.

Prends courage & me laisse parler.

SCÈNE III.

Les mêmes, AZÉMIRE, ISMÈNE.

AZÉMIRE.

Nos destins sont heureux, cessez de les troubler ;
A me trahir, Seigneur, cessez de le contraindre,
Et respectez des feux que rien ne peut éteindre.

Si de vos compagnons j'ai rompu les liens ,
Allez, portez vos pas vers le camp des Chrétiens ,
J'y consens ; mais enfin puis-je sans quelque peine,
Voir si tôt mes bienfaits payés de votre haine ?
Ah ! du moins vous savez que Turenne aujourd'hui
N'est plus à mon amour arraché malgré lui,
Qu'il ne peut aux Chrétiens sacrifier sa flamme.

D'AMBOISE.

D'un inutile espoir vous vous flattez , Madame.

AZÉMIRE.

Qu'entends-je ?

D'AMBOISE.

Il a fallu forcer sa volonté;
Il osait de son Dieu braver l'autorité.

AZÉMIRE.

Quoi , Seigneur , à me fuir vous consentez encore ?
Vous me quittez !

D'AMBOISE.

Qu'il parte, ou qu'il se déshonore.
Choisissez.

AZÉMIRE.

Malheureuse ! ah ! tout m'est enlevé.

D'AMBOISE.

Pour les plus grands destins Turenne est réservé.
Faut-il que mon ami , foulant aux pieds la gloire,
Perde en de vains soupirs sa vie & sa mémoire ;

Et comment pouvez-vous reprocher à fon cœur
D'oublier des fermens qu'a démentis l'honneur ?
Il n'a pas dû choifir le temps de votre abfence,
Partir en vous trompant : cet excès de prudence
Eft d'un amant perfide , & non d'un Chevalier
Que l'oubli du devoir peut feul humilier.
Contemplez d'un œil ferme un départ néceffaire.
Eh ! s'il ne s'agiffait que d'un Guerrier vulgaire ,
Exempt de repentir, ignorant la vertu ;
Mon zèle en un feul jour tant de fois combattu,
Pourrait l'abandonner aux vengeances céleftes,
Et d'un courage éteint ne plus chercher les reftes.
C'eft un Héros : je dois lui rendre fon deftin ;
C'eft mon ami, Madame ; & j'ai promis enfin.
L'amitié contre vous lui fervira d'égide.
Excufez ce difcours peut-être un peu rigide ;
Vous cherchez dans fes yeux un langage plus doux,
Vous m'écoutez à peine ; & que prétendez-vous ?
Dans un projet honteux votre ame eft affermie ;
Il vous aime & ne peut vous confacrer fa vie :
Entre vous deux, Madame , eft-il quelque lien ?
Vous êtes Mufulmane , & Turenne eft Chrétien.

AZÉMIRE.

Oui , de tant de motifs je conçois l'importance :
Son filence a déjà prononcé ma fentence.
Turenne, je croyais, & pouvais-je en douter ?
Que jamais votre amour n'oferait me quitter.
Jufqu'au dernier moment je me fuis abufée.
Allez ; mon efpérance eft enfin épuifée :

                                         Allez.

Allez. Votre bonheur n'eſt plus auprès de moi;
Je reçois vos adieux, je vous rends votre foi.
Rempliſſez d'un Héros la noble deſtinée;
Et moi, Reine ſans gloire, amante infortunée,
Je traînerai le cours de mes longues douleurs:
N'irritez point le Ciel qui condamne vos pleurs.
Avant que loin d'ici vous cherchiez la victoire,
Sur ces remparts ſanglans craignez une autre gloire.
Craignez que ſous vos coups tout mon ſang répandu....
Pour vous avoir aimé, c'eſt le prix qui m'eſt dû.

D'AMBOISE.

Le Ciel eſt juſte. Alors qu'on a ſu lui déplaire,
Ce n'eſt pas un forfait qui fléchit ſa colère.
Non, Madame; écoutez des préſages plus ſûrs.
La guerre va bientôt s'éloigner de vos murs;
Et tranquille bientôt, loin du fracas des armes,
Dans le ſein de la paix vous ſécherez vos larmes.
J'implorerai moi-même.....

AZÉMIRE.

Epargnez-vous ce ſoin.
Que m'importe la paix? Je n'en ai plus beſoin.
Mais vous qui m'oppoſez un ſilence inflexible,
Vous que j'ai tant aimé, vous que j'ai cru ſenſible,
Qu'Azémire du moins puiſſe encor une fois
Recevoir vos ſoupirs, entendre votre voix.

TURENNE.

Aux rives du Jourdain j'emporte votre image.
Azémire, en ces champs dévoués au carnage,

E

Du moins j'ose espérer qu'un plus heureux destin
De mes jours que je hais aura marqué la fin.
Oubliez une amour aussi tendre que vaine;
Oubliez, s'il le faut, jusqu'au nom de Turenne.
Adieu.

AZÉMIRE.

Partez.

TURENNE.

Hélas !

AZÉMIRE.

Ne m'importunez plus.

D'AMBOISE (entraînant Turenne égaré).

Viens, suis-moi; c'est ici.

SCÈNE IV.

AZÉMIRE, ISMÈNE.

AZÉMIRE.

PLEURS, sanglots superflus!
Turenne ! il fuit. Et moi ! douleur insupportable !
Turenne ! il remplit seul mon ame inconsolable.
Je ne le verrai plus , & je vais désormais
L'appeler, le chercher , sans le trouver jamais.
L'amour venait s'unir à toutes mes pensées ,
Loin de lui, sous ses yeux à lui seul adressées;
Je ne voyais que lui; les ténèbres, le jour,
L'air que je respirais, tout devenait amour.

Turenne ! il ne craint pas une amante outragée.
Voilà donc que je meurs ! ma mort fera vengée.
Allons, quittons ces lieux, ces lieux jadis charmans,
Témoins de mon bonheur, tout pleins de ses fermens,
Et maintenant voilés de ma douleur profonde,
Où je ne le vois plus, où je suis seule au monde.
Courons.

ISMÈNE.

Qu'espérez-vous?

AZÉMIRE.

Je pourrai le revoir.
Je mourrai de sa main; c'est mon dernier espoir.

ISMÈNE.

De quel affreux dessein votre ame est agitée?

AZÉMIRE.

C'est la mort qu'il me faut. Je l'ai bien méritée ;
Lorsque j'ai lu mon sort dans les yeux d'un Chrétien,
Quand mon cœur imprudent osa chercher le sien,
Quand sur le trône, hélas ! j'ai cessé d'être Reine.
Périssent les Chrétiens, & moi-même, & Turenne,
Et ce jour, où, poussé par un zèle odieux,
Fondit sur l'Orient l'Occident furieux !

SCÈNE V.

Les mêmes, SOLIMAN, NARSÈS, *Soldats.*

SOLIMAN.

Aux champs d'honneur, Madame, il est temps de me rendre ;
D'autres sont maintenant chargés de vous défendre.
Vous ne me verrez plus. Tandis que sur mes pas
Narsès & mes Guerriers vont chercher les combats ,
Turenne....

AZÉMIRE.

Il est parti.

SOLIMAN.

Quoi ! Madame....ô faiblesse !
Mais je me suis promis de vaincre ma tendresse ;
Il suffit. Soliman , détrompé de ses feux,
Ne s'abaissera point à des retours honteux.
Un Chrétien a séduit votre ame infortunée ;
Le cruel ! je vous vois plaintive , abandonnée :
Je le hais encor plus. Il a pu vous trahir !
Vous n'avez plus d'appui : je veux vous en servir ;
Et si votre dépit demande une vengeance,
Plus d'amour, plus d'hymen, & plus de récompense :
Mais enfin de mes coups rien ne le peut sauver,
Et , sa tête à la main, je viens vous retrouver.

AZÉMIRE.

Qu'il vive. Ah ! contre lui ne portez point vos armes.
Et vous....vous le témoin de mes dernières larmes,

Gouvernez mes Etats, régnez fur mes Sujets ;
Je demande pour eux vos exploits, vos bienfaits ;
Régnez, & puiffiez-vous reconquérir l'Afie !
J'ai trahi fes deftins, j'aimais, je fuis punie.

(Elle fe frappe.)

SOLIMAN.

Qu'ai-je vu ?

AZÉMIRE.

   Dieu puiffant, Dieu de l'Afie, ou toi,
S'il eft vrai qu'aujourd'hui ta main pèfe fur moi,
Dieu des Chrétiens, punis l'ingrat qui m'abandonne :
Qu'il entende par-tout .... Mais non, je lui pardonne.
Pour prix de mon trépas je ne veux obtenir
Qu'un peu de fon amour & de fon fouvenir.
Qui, moi ! le détefter ! ne le crois point, Turenne ;
En prononçant ton nom je ne fens plus ma haine ;
Je meurs, & c'eft pour toi. Viens, reviens en ces lieux,
Entends mes derniers cris ; je fus chère à tes yeux ;
Que ta main preffe encor la main de ton amante ;
Si tu ne me hais pas,  meurs contente.

(Elle expire.)

FIN.

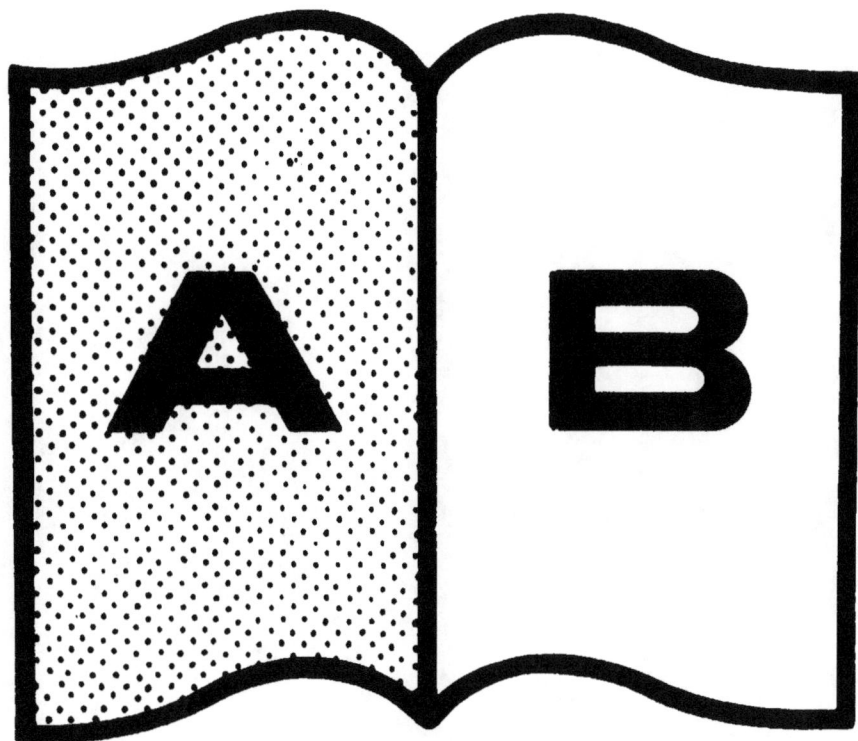

Contraste insuffisant

NF Z 43-120-14

www.ingramcontent.com/pod-product-compliance
Lightning Source LLC
LaVergne TN
LVHW050621090426
835512LV00008B/1597